DUO

Editora Appris Ltda.
1.ª Edição - Copyright© 2020 do autor
Direitos de Edição Reservados à Editora Appris Ltda.

Nenhuma parte desta obra poderá ser utilizada indevidamente, sem estar de acordo com a Lei n° 9.610/98. Se incorreções forem encontradas, serão de exclusiva responsabilidade de seus organizadores. Foi realizado o Depósito Legal na Fundação Biblioteca Nacional, de acordo com as Leis n°s 10.994, de 14/12/2004, e 12.192, de 14/01/2010.

Catalogação na Fonte
Elaborado por: Josefina A. S. Guedes
Bibliotecária CRB 9/870

G635d 2020	Gonçalves, Aguinaldo 　　Duo / Aguinaldo Gonçalves. - 1. ed. - Curitiba : Appris, 2020. 　　139 p. ; 23 cm. – (Artêra). 　　ISBN 978-65-5820-404-6 　　1. Poesia brasileira. I. Título. II. Série. 　　　　　　　　　　　　　　　　　　CDD – 305.42

Livro de acordo com a normalização técnica da ABNT

Editora e Livraria Appris Ltda.
Av. Manoel Ribas, 2265 – Mercês
Curitiba/PR – CEP: 80810-002
Tel. (41) 3156 - 4731
www.editoraappris.com.br

Printed in Brazil
Impresso no Brasil

Aguinaldo Gonçalves

DUO

FICHA TÉCNICA

EDITORIAL	Augusto V. de A. Coelho
	Marli Caetano
	Sara C. de Andrade Coelho
COMITÊ EDITORIAL	Andréa Barbosa Gouveia (UFPR)
	Jacques de Lima Ferreira (UP)
	Marilda Aparecida Behrens (PUCPR)
	Ana El Achkar (UNIVERSO/RJ)
	Conrado Moreira Mendes (PUC-MG)
	Eliete Correia dos Santos (UEPB)
	Fabiano Santos (UERJ/IESP)
	Francinete Fernandes de Sousa (UEPB)
	Francisco Carlos Duarte (PUCPR)
	Francisco de Assis (Fiam-Faam, SP, Brasil)
	Juliana Reichert Assunção Tonelli (UEL)
	Maria Aparecida Barbosa (USP)
	Maria Helena Zamora (PUC-Rio)
	Maria Margarida de Andrade (Umack)
	Roque Ismael da Costa Güllich (UFFS)
	Toni Reis (UFPR)
	Valdomiro de Oliveira (UFPR)
	Valério Brusamolin (IFPR)
ASSESSORIA EDITORIAL	Lucas Casarini
REVISÃO	Andrea Bassoto Gatto
PRODUÇÃO EDITORIAL	Juliane Scoton
DIAGRAMAÇÃO	Daniela Baumguertner
CAPA	Amy Maitland
COMUNICAÇÃO	Carlos Eduardo Pereira
	Débora Nazário
	Kananda Ferreira
	Karla Pipolo Olegário
LIVRARIAS E EVENTOS	Estevão Misael
GERÊNCIA DE FINANÇAS	Selma Maria Fernandes do Valle
COORDENADORA COMERCIAL	Silvana Vicente

jurei às minhas mãos
passar um tempo sem fazer poesia.
durante horas,
mantive minha jura
sob pena de morrer a ferro frio.
mas as palavras,
de molho, foram se tornando
uma agonia,
expondo seu grão duro
e delas o sentimento circulou puro
antes mesmo do final do dia.
meus dedos foram se firmando,
e os versos me traíram em agonia:
aqui está o poema
na doida forma
ainda que vazia.

a. j. g.

A PALAVRA
E A CEBOLA

o tempo forma na palavra
(como na cebola)
finas cascas em camadas
de sentidos mortos.
descascá-las
é atingir o grão duro
crespo,
primordial
(como o da cebola)
para que emerja

palavra

sobre ela,
o artífice rasteja
com um bisturi,
atento,
e, dentro dela, remonta sempre
(sem crostas)
em movimentos
ardidos.
rastela o sujo,
seca os lamentos
das lentes
antes que, do fundo,
os sentidos, vivos,
possam subir, subir
e espraiar-se
carentes de ser livres,
e as cascas voltem
a mascarar o mundo.

SEARA

comprimo-me no tempo
entre gralhas e gralhas
que farfalham como hienas
ao vento.
lastimo, entretanto,
as lágrimas que engoli
as formas que tracei
e não vivi.
ressoam nas palavras
os riscos do arado
as cascas de grãos
que perdi.

A GALINHA
E O MUNDO

no caracol
ela finca o olho
com o bico em riste
sem voo.
risca a terra com o pés
a galinha
o bico no milho
a galinha olha
e o mundo cessa de ser
um ninho.

a.j.g

NUDEZ

amores não se tem, poeta,
escondidos.
soterro-os
aqui, no profundo
deste caramujo.
cantarei o mar
e o rumor do mar
aqui escondido
e como turbilhão
nesta concha antiga.
cantarei o nada,
como meu abrigo.

naquela madrugada vi minha mãe,
toda de branco,
ela estendia lençóis brancos
indefinidamente.

de quando em quando
minha mãe
lançava sementes de girassóis
aos pássaros
e eles, os pássaros,
ciscavam as sementes,
que se transformavam
em mito.

SOB O SIGNO DA AUSÊNCIA

de nada na ausência
resulta do vazio pleno da presença.
nada vezes nada se completa
nesta forma de buscar do fio ausente.
presentificar-se em gotas densas
de divisar o nada em nada
mesmo que para isso, nesse ventre,
resvalham minhas mãos
em tua ausência.

nesta esfera intervalar entre o escrever e o escrever persiste um absurdo e enfadonho estado de inércia, como se o sol interdito vomitasse seus raios tronchos e parasitários. meus gestos se tornam mornos e quase mortos ao carregar um pacote ou lavar um bule sujo do borrão de café de três dias entre panelas sujas de restos de alimentos fermentados e ressecados no fundo da pia. fora do ato de escrever eu fico morto.

NÁUSEA

engulo sóis
e vomito brasas venenosas
mais cruéis
do que as colhidas com Rimbaud,
nas estações do inferno.
tenho tido nojo,
mas sobrevivo.

engulo sóis
e os vomito pela ira de meu tempo
ressoa nos tambores de meu ventre
as estações do inferno
que visito
e tenho nojo.

as fibras de vidro de que sou feito ferem o rarefeito vitral
de minha arquitetura. ao sol me fabrico, colando os
trincados de mim. assim são modulados meus poemas.

PIETÀ

michelangelo
faz explodir no mármore
a piedade profunda
da mãe pelo filho
morto.

petrifica-se a dor
no seio do absoluto.

literatura e pintura resguardam um segredo que tende ao verde musgo enegrecido no cair das sombras. quando a escuridão se adensa, uma forma de brilho do absoluto penetra nos microfios das duas artes. a alma reconhece como uma pepita embriagada e o caroço da noite se estende ao infinito.

a.j.g.

AO CREPÚSCULO

ao crepúsculo
os matizes de verde se mesclaram
e do meio do renque de sonhos
um grito ardido e quente se ouviu.
entre verdes e verdes
um verde ácido predominou
e do meio escondido
o vermelho emergiu
e pousou sua mancha
bem ali.

existem algumas construções sígnicas que são conhecidas em sua dimensão contemplativa, mas se mantêm muito distantes daquilo que as envolve em sua microestrutura e nos meandros artísticos mais profundos de seu universo estético e significativo. refiro-me, neste momento, ao conjunto da obra **CATEDRAL DE NOTRE DAME DE PARIS**, cuja arquitetura se submete ao intrincado tilintar de formas geométricas dos vitrais, sobretudo em suas cores, movimentos fractais, que nos reportam a uma musicalidade de intensa dimensão espiritual.

DOÍDA PRESENÇA

ao som de um acordeon
(desafinado)
afina-se a solidão
intacta e dolorida
numa estação de metrô
(parisiense)
em que 'la vie en rose'
é entoada.

meu coração posto a nu nas finas malhas do poema, transforma-se em linguagem universal que resvala no teu espírito ao compartilhar com os versos ou com as imagens. assim, ele deixa de ser meu e se torna filetes de tua alegria, que espargem como luzes de vaga-lumes pela noite adentro de teu coração.

A FORMA VISTA DO NADA

com que olho eu navego
nessa forma de desmanche?
com o nada do olho esquerdo
ou com o simulacro do direito?
firmar-se na coisa vista
é firmar-se na coisa errada
o relativizar-se do visto
é cegar-se da coisa nada.

GOLPEIO O IMAGINÁRIO

com a palavra em riste
e as formas batendo à porta
com fricção dos dedos
segredos dos sentidos mistos
morta força em cada gota
triste
palavra congelada:
abra-te forma! eu existo.

GRAVITAÇÃO

eu te engravidei pelos olhos
pela boca e pelas orelhas.
tudo ocorreu entre gravetos
finos e secos
nas formas langorosas do horizonte.
teus olhos grávidos ficaram meio lilases

redondos

nunca mais viram o nascer do sol
e apenas na lua nova eles se abriam.

AUTORRETRATO DE UM RETRATO

desossada criatura
quase sem torso — uma figura,
finca com olhos hirtos
a ossatura de teu tempo
e arranca
a fria verdade de teus veios:
cicatriz na fonte
esqueleto mudo
e rosto sem verniz

confronto-me com teus pelos grisalhos
e extraio com a palma de minha mão
os teus óleos
(recolhos de um mundo vil)
depois... arrasto-os com uma navalha
e espalho tudo sobre um branco lençol:
teu debuxo escultural.

DISFÓRICAS FORMAS

os cupins farejam
os resíduos do tempo
no esgoto roto
de madeiras moles
podres
e eles
(os cupins)
buscam o sol
e encontram
o esboço da morte
nos raios
embebidos de tristeza.

eu queria dedilhar o teclado das estrelas para poder encontrar a nota de luz que clareasse ao menos um de meus obscuros desejos...

(DES)APONTAMENTO

amanheci assim
amanhecido
e o mundo se resumiu:
o branco sobre o branco
do jarro de ágata e da toalha de linho
criou a arte do desacontecimento.
as transparências recriaram o vazio
e minhas mãos
fragmentaram em cacos
o vaso de porcelana chinesa
e não foi pelo descuido da criada

"o chão ficou atapetado de estrelas".

o homem vive empalhado. empalha os olhos, empalha a boca, empalha a língua, empalha o sexo que se solta nos becos e engole no seco a carência perdida. isso tudo porque empalhou o cérebro retido na fonte antes de nascer.

MY HEART

aorta milenar do silêncio
tempo na vida das horas findas
se a gente der corda ao corpo

o corpo acorda.

eu denuncio o tempo
pelo descompromisso
com a hora
agora, no fio do agora,
basta um assopro
e as cinzas das horas
oram.
Bandeira chora.

A LAGARTIXA VERDE

naquela manhã
acordei com gosto de chocolate
mas ao sair da cama
vi na varanda
uma lagartixa verde
estatelada na lama
com olhos baços de lagartixa.
debrucei-me
mordi a ponta de seu rabo
e depois morri.

DE SOSLAIO

de soslaio te olhei
empurrei a cadeira, despistei
fiz com que esquecesses
a camisa de florais
avermelhados
que jogara entre lençóis.
meus olhos os teus olhos
encontraram
presos no piso, quase esquecidos
e foste saindo e perguntaste:
não estou esquecendo nada?
apenas de amarrar o cadarço
de teu tênis, respondi.

A PELE
DA NOITE

arranha nas paredes do tempo
a forma das coisas
pela visão da ponta dos dedos

(em cada debuxo
de uma parca memória
de um presente,
de um resíduo).

os dedos tateiam pelas transparências
na busca de uma cor
e, em decúbito dorsal,
o cinza-claro
se esvai.

QUASE CANÇÃO

eu reconheci o teu cheiro
no letreiro de tua camiseta
vasculhei as outras pistas
dando em revistas
o teu suor escondido
em alguma gaveta antiga
de meu armário.
porém tua ausência era tão fria
que o cheiro saiu pela janela
primeiro,
depois pelo ralo,
e, finalmente, pela janela
retornou, num dia belo
deu de voltas em meu quarto
e, sorrateiro,
pousou sobre meu retrato.

as nuvens não foram lapidadas
nesta tarde eterna
os blocos espessos se confundem
ternos e profusos
como o veneno fatídico
do jovem Hamlet.

AUTORRETRATO QUEBRADO

estou pensando
nas finas malhas do tempo
(em movimento)
de como mirar-me na fonte
de meu autorretrato
rasgar-me diante do espelho
depois, defrontar-me
com os resíduos
de meu simulacro
lacrado na moldura
de um beijo não dado.

AUTORRETRATO DE UM CRÍTICO

inexato coração
claudica nas artérias
vocifera nos ventrículos
paira nas ondas mortas
do movimento
crítico.
nas vicinais eu critico
o acrílico do gesto
crítico
cáustico eu te fabrico.
no perfil de um autorretrato
das formas do apocalipse
nasce o demiurgo
e morre o crítico.

BRILHO

a e. e. cummings

estrela
brilha
rebrilha
trilha
no alto
e no asfalto
perfura
meu coração

DE NADA RESTOU,

engenho,
nestas formas duras
nem mesmo os penhascos
nem as ninfas
nem mesmo os relevos
de cristais
enlevos de vazios

e nesta secura
de terra escura
restou sempre
sempre
este ritmo
que claudica
por séculos e séculos
e fica assim
com arritmia
onde nada restou,
engenho,
a não ser
terra estéril
destas palavras
vazias.

ENTRE LUZ

para claudio dalloul

às duas horas em ponto.
sol a pino.
desatino da luz
sobre a luz.

NATAL

eu ouvi um grito
e nele um mito:
caravaggio cruXificava cristo.

o corpo do poema se apresenta como se fora a carne vermelha de um animal recém-sacrificado e exposto ao sol do meio-dia, para que lhe sejam retiradas as vísceras entremeadas de nódulos e de nervos milimetricamente articulados e dispostos em formatos anatômicos e postos à disposição do ato de devorar de outros animais famintos e preservadores de suas vontades e de suas incompetências frente ao objeto do desejo. essa carne viva do poema composta de linguagem e deglutidora de sentidos fascina os órgãos sensoriais e rejeita as feições enlatadas do cérebro complacente e devotado.

ALQUIMIA DO POEMA

entre cacos estilhaçados eu me fabrico
pontilho os tons e sons de meus presságios
martelo cada parte em seu regaço
e aspiro a solidão desta jornada.

com os resíduos dos cacos eu me refaço
componho a armadura em osso e aço
agora com ferro e fogo a forma eu traço
como se fora esculpir de espaço a espaço.

depois vou preenchendo as fendas vivas
e modulando com cuidado todo o compasso
ritmo, eco, dor, vontade, medo e cor

vão se harmonizando ao som da lira
e do imaginário que respinga
essa fome de captar todo o segredo.

O RITMO
QUE AQUI
SE ESPALHA,

invadiu meus braços,
minhas mãos,
malha de meu corpo inteiro,
antes mesmo de eu nascer,
e se comprimiu em ramas,
antes mesmo de querer ter esta forma,
de agora,
como fome de palmilhar
por entre pedregulhos inconfessos,
pelo mundo afora,
colhendo mythos
em versos,
e os arremessando ao vento incerto,
aos moinhos distantes,
nestes passos de agora,
ora claudicantes, ora toantes,
essa forma de viver,
em luz de outrora,
é uma forma de morrer,
na exata hora.

A INFUSÃO DAS ERVAS

no canto das formas turvas
a palavra engasta na frincha dos versos
reverso do Acaso impreciso
dupla forma do absinto:
o poema bêbado rola pelas dobras,
frêmito que esvazia o anis e a losna
gosma do tempo e desenho do Abismo.

O DIA EMOLDURADO

as ações de cada dia
ficam entre esquadrias
e giram no ponto incerto
da hora incerta do dia.
elas parecem molduras
em quadros de Caravaggio
em que as imagens se fundem
à teatral fantasia.
as ações de cada dia
renunciam ao pão do dia
e nos olham
no tempo incerto
nos limites da moldura.
dura, a vida se anuncia
girando no ponto incerto
no frenesi das esquadrias
vivido no dia incerto.
o pão renuncia ao dia
já mofando na vitrine
que freme no fim da hora
depois de passado o dia.

VITAE

estive no alto da montanha
e vi a vida:
tempo embalsamado
num tubo de ensaio.
bailar de neon
em gomos.
o espaço gira em si mesmo
e a vida vitima esse frenesi
do estar-em-si
sem sentido em mim
no dentro do dentro
de um vidro com musgos.

(Thomas Mann, trajando sobretudo chumbo, de braços cruzados e olhos penetrantes, mira-me)

A DREAM

among clouds
beaks of birds see
the world
my eyes are broken
and the mirror in which I see myself
is perfect
that is the difference:
through my eyes
I want the image
of my face
the face that I had for a long time
but the time is broken too
stones are yet in the sky
and the bird-nets are alone
while winds are flying near the grass
I would like to cry: well!
but it is impossible
or I would like to spell: t e r r i b l e!
but it is impossible.
my tonge is dry
my dream is a lie.

RETRATO

busquei no fundo escuro de meus olhos
(diante do antigo espelho)
um retrato de mim.
mas não enxerguei meus olhos
no rosto que perdi.
vermelho
era o traço de minhas mãos
na delicada pele
que desenhei
e toquei,
aqui,
com a ponta de meus dedos,
meus antigos lábios
e me retratei.

eu me alinhavo
nos contornos de Escher
e me remeto
ao que de mim não conheço
mas não me esqueço
das partes
que perdi de mim.

MOTO-PERPÉTUO

perdurar dentro do ninho
é ser embrião no caminho
enrolado como cobra
entre cipós ao relento.
encrespados no incerto
aberto ao vento
disposto ao sol
o rebento cicia
tendo nas mãos o tempo
e nos pés
a obra em movimento.

o passo decisivo para que o sujeito se defronte com sua identidade se dá quando toma consciência semiótica de sua natureza. quando isso ocorre, suas formas de representação vêm à baila e sua competência da leitura de si mesmo e do mundo ou de seu estar-no-mundo torna-se mais aguçada, e o que é do ser ou quem se faz no ser ganha consistência para o sujeito.
meus autorretratos são facetas plurais do ser que palpita em mim e esse ser é singular. beijos aos humanos que me lerem.

O RETORNO
DE PROSÉRPINA

tornam-se visíveis nestes graxos de fogo
os perversos sinais de ervas nobres
que soçobram sobre as águas podres
destes rios em que mergulham peixes loucos.

bocas desdentadas se agigantam
mordendo o nada e arrancando flores
peçonhentas que alucinaram um dia,
hoje: fios de destinos em rios infindos,

para que em águas correntes se afunilem
as formas que as Parcas desenharam
na busca de cada passo em tempo extenso

e espaço intenso dos infortúnios desses deuses
voláteis, mas determinantes em dia findo
qual a misericórdia se indefine.

ÊXTASE

olhei e transfixei meus olhos
nos fios ruivos da barba
de Van Gogh
e ouvi o trinido da cartilagem
de sua orelha ao ser cortada.
era o defeito pungente do mundo
numa orelha.
era o defeito da vida
em tão belo diamante.

por mais que se teorize sobre o ato de criação, por mais que sofistiquem os procedimentos de invenção poética, o genuíno gesto que materializa o artista da palavra ao impulso decisivo que o conduzirá ao "fieri" daquilo que se denomina "poema" encontra-se no indefinido. partilho de vozes sublimes e profundas (Poe, Baudelaire, Mallarmé, Valéry, Drummond, João Cabral, dentre outros), que viram no gesto poético não a resultante de ideias e de técnicas, mas de uma visão (penso em Proust) que tricota um sentimento de mundo a uma profunda consciência de linguagem.

ORGASMO VOLÁTIL

o acaso se estende
se defende dos dados
e do jogo oblíquo da palavra
lavra o eito
cava a terra
enterra o arado
e perfura o sentido.
Mallarmé se debruçou
sobre o túmulo de Poe
e urinou perdidamente.

ALUMBRAMENTO

tatear a fome de ver entre a pele e a pele
repele o nome das coisas visíveis e faz vislumbrar a coisa em si no seu contorno e nas sua estrutura óssea. uma transparência que se esconde aos olhos. a natureza branca de um objeto qualquer sobre a toalha branca. a invisibilidade dos olhos no rosto de um humano qualquer faz emergir a economia dos elementos do mundo na penumbra de um esquecimento. a dor da luz dissolve ao sol a forma da conhecida vida e faz (sob pena de morte) descer pelas paredes a maquiagem e emergir filetes de vida como o fez de maneira bela e doída as pinceladas de Van Gogh.

NÁUSEA II

nos meus braços
trago a insígnia deste mundo
signos do vômito
do frêmito e das vontades
entaladas nas mandíbulas.
a náusea do humano
embaça nos órgãos digestivos
e minha vida é obrigada
a sobreviver sob a urina
enlatada das cidades invisíveis
mas visíveis no ranho das famílias
e nos valores perecíveis
da miséria.

DEBUXO

o que não vi prenunciou na beleza renascida em mil autorretratos que perdi, fantasmas de mim em mim renascidos das mãos de Rembrandt e dos olhos de Van Gogh. retratei-me acreditando, à meia-luz, que os contornos se fizessem luz inteira à beira do anoitecer; a noite inteira fez-se sol eterno e se perdeu. sou o verso que não fiz. sou a forma do poente com pétalas de girassóis
e rondas noturnas debruço sobre mim mesmo
e esboço meus contornos no signo verbal de um autorretrato.

o drible das veias
(no interregno da vida)

as formas de obstrução
resultam na contração
do vento adentro
da vida.

desobstruir é insistir
no ignóbil modo de viver.

finas veias bailarinas
que traem a agulha
na busca do ponto certo.

transfixam
afixam
fixam

no tabuleiro da vida
com todos os redemoinhos
postos à dor e ao vento
(oscilante)

ao cair da noite.

CEGUEIRA OBLÍQUA

a visão prescinde dos olhos ou da mácula da retina. não ver faz ver. o mundo se transubstancia em formas perfeitas de sensações que se sincretizam na visão mental e nas várias tramas das outras estradas sensoriais do corpo. as mãos passam a ver; os pés passam a ver. a pele que já via redobra sua visão. o abdômen todo se volta para as coisas do mundo como se fosse pela primeira vez. a falta de visão dos olhos amplia a visão do corpo e da mente para a cegueira do mundo.

ECLIPSE DO SER

no dedilhar destas linhas
de impuras fontes de formas
e de agulhas, de espessuras
várias
miro minhas cartilagens
frágeis
como daquela galinha de domingo
correndo pelo quintal
assustada,
entregue à sorte,
ao norte de uma solidão
que se estende ao infinito
e toco aqui este tórax
vértice de todos os riscos
asteriscos de um olhar
(faíscas de uma dor inocentada)
durante o eclipse
do sim e do som
à meia-noite sem luar.

o processo de representação passa por instâncias determinantes para que se possa flagrar o essencial. do mesmo modo (aos menos seria o ideal), o receptor da obra deveria passar por um processo de consciência desobjetivadora que o demovesse ao estado de signo semiótico e o afastasse da dimensão referencial e mundana. se assim fosse, a compreensão da vida se daria na comunhão entre a apreensão dos sentidos e a compreensão do si mesmo enquanto texto a ser lido.

O ÚTERO
DA MORTE

encapsulado
giro meus fios
em caracóis.

transformo-me
em concha
e depois caramujo.

dentro de mim o mar.
fora de mim o ruído do mar.

de minhas vísceras
a beleza de Vênus
emerge nua.

lá no alto, a lua
ilumina a morte
que recua.

A PIETER BRUEGEL

às margens do cercado
de arame farpado
criancinhas brincam
de bolinha de gude
tentando acertar o olho
uma da outra,
enquanto cantarolam
musiquinhas infantis.

TROPIA AMOROSA

teu estrabismo me desmoveu
no primeiro instante em que te vi
e nele meu amor se dividiu
como uma bifurcação barroca
numa escadaria de Escher.
vaguei por teus olhos
esquartejado pelo não saber.
teu estrabismo sequestrou
meu coração
e nas partes sexuais ele se enfureceu,
tremeu tanto,
que trincou,
e me deixou eternamente estrábico.

poesia possui como natureza o pensamento por imagem. Uma ave de rapina que prende entre nuvens carregadas de gelo suas asas, prenhes de tempo e de espaço. Com olhos fixos e bicos em prontidão atroz, a poesia sincretiza a aguda forma do tormento de ser e de morrer com fome.

OS MATIZES DE AMARELO

as gotas de chuva
desciam ácidas
pelas encostas
amarelo-ferrugem, grossas,

amarelo-brônzeo
densas

amarelo-fosco
(seca gema)

crespavam o suor do rosto
velho
que há muito esperava
uma visita.

a chuva trazia ferrugem
e enxofre:
descia pelo rosto
e por todo o resto do corpo

amarelo-ouro
triste e rouco.

*ardem nos céus de arles
pelos pincéis de Van Gogh
estrelas-ouro
no profundo azul do tesouro
muito aquém do mundo
e muito além da vida.*

POEMA APOCALÍPTICO

a cada passo no avesso destes versos,
revejo fios de vida em lã perdida
sons de signos taciturnos em novelos
anafóricos, cataclismo do universo.

antes dos versos o ritmo se impõe
com crespas asas, díspares no voo,
catafóricos, exofóricos, na entrada da noite
aríetes retumbam em sete tempos:

sete vértices, sete amplexos finais,
devorando as chispas de fogo em sete formas
de animais perdidos no bosque de gelo.

e no avesso de um Tigre a forma de sete trombetas
soam ao Norte (só Blake as ouve),
conduzindo uma a uma, a pálida Morte.

como Van Gogh, pintou um vasinho com flores de maneira quase humilde e ofertou à moça que fazia sua comida na Pensão de Arles. Gostaria de responder à Beth, que faz minhas saladas, que o poema não vem da inspiração, mas de um lugar incômodo que não sabemos definir, nem visualizar, e pousa em nossa mente como uma ave de garras firmes e de bico pontiagudo e sorve nossa carne e engole nosso sangue.

DIÁSPORA

habitar o vazio
é esvaziar-se de sentido
ou se completar do todo errante.
por ser o entre espaço
identifico-me como tempo suspenso
e na linguagem
me reconheço.

NATUREZA DUPLA DA VOZ QUE EM MIM HABITA

eu ouvi do infinito
uma voz em tom aflito
que atravessava um corredor
com janelas
que se agitam

aquela voz do infinito
tinha um timbre
assim
maldito
e a cor era um constrito
entre a luz e o indefinido

das minhas unhas
de meus dedos
a voz engoliu segredos

embora fosse do infinito
era em mim
que a voz morava.

SONETO FISIOLÓGICO

nas ondas do imaginário
os signos nervosos se acumulam
do avesso o tecido dos fonemas
tremem, fremem em harmonia.

colapso do tempo em redemoinho
a sintaxe como cobras serpenteia
e a forma paratática cambaleia
na justaposição circular do próprio ninho.

na hipotaxe volátil de meus dias
a fisiologia do poema se anuncia
no murmúrio do espaço e no volteio

destes ruídos que lastimam um outro dia
entre o vento incessante e o ventre frio
em que estes graxos dividem a vida ao meio.

GENOTEXTO

os retalhos de mim
se juntam a essas mãos rachadas
da enxada que perdi
no campo aberto
do arado
herdado nas formas zonzas
das manchas
de tinta nanquim
ai de mim!
na pena,
estilemas de mim
como cupins
foram subindo, subindo...
no palimpsesto
— quase incesto —

enfim.

AS FORMAS
DO VAZIO

encontrei meus olhos
lado a lado
numa bandeja de latão
bem antiga
com alças de estanho.
eles estavam brilhantes
e vazios
e miravam
o oco vazio sem fim do silêncio.
tentei recolocá-los nos espaços de origem
mas não se encaixaram
e ficaram ali,
naquela bandeja,
sobre o console de marfim
para a eternidade.

a pintura indicia semioticamente o retorno da memória involuntária ao mesmo tempo em que reproduz a memória sensível do inconsciente. as linhas atuam como setas na modulação das cores e no delineio do nível eidético (plano figural da obra). o ponto singular extremo dessa forma de composição bidimensional é conduzir a mente do leitor-observador para uma tridimensionalidade abstrata.

AUTORRETRATO SEMIÓTICO

sou o signo de um poema
inacabado
ou o ícone
de uma pintura mal começada.
sou um retalho
com fiapos perdidos
(hieróglifos derretidos)
de um tapete turco
sobre o qual sandálias deixam suas marcas
(milenares)
depois de caminharem
por estradas de charcos
e de ervas daninhas.

RETRATO DESFIGURADO DO POETA

pelos cascalhos e pelos ferrolhos
emergi poeta naquela tarde de outono
e fui desabitando meus sentidos
e habitando fantasmas semióticos
até quando me tornei signo de mim mesmo
e desapareci como referência:
(demência equivocada de meus medos)
passei a criar signos
em formas de enigmas
num pergaminho de dez milhões de anos.

À LUZ DA LUZ

no avesso da luz
as formas enjauladas de silêncio:
vultos entre
vãos de túneis
se tornam formas bem delineadas
répteis saudáveis
rastejam por vielas
com barrigas cheias e amarelas
bocas de rinocerontes
trafegam pelas paredes secas
e eu
com muita vontade
lambo o excesso de luz
e não vejo mais nada.

NATUREZA MORTA COM ESPÁTULA

formas em decomposição:
profusão de cores destonadas
e de odores ocres e ácidos
nas híbridas linhas
de uma sintaxe de coisas mortas:
xícaras francesas com restos de chás indianos
caneca de louça turca
com o rosto de Frida Kahlo
pratos de porcelana
com frisos de sujeira
antiga:
marrons decompostos
talheres perdidos
de perdidas mãos
com supostos caldos entrepostos
disso visto e composto
tendo cabos de panelas como vigas
aquela pintura arcaica
de resíduos da vida
laica forma carcomida.
no veio desse universo
o alumbramento:

uma pequena espátula de lâmina argêntea
brilhava entre os detritos.

AUTORRETRATO COM OLHOS MORNOS

a fisionomia que me nutre
(no espelho convexo)
desvia na concavidade
a inocência das águas turvas.

por detrás de mim
lentes riem de mim
e me apontam o mundo
que se escondia de mim.
no embaçado das formas
mas no cristalino da essência
(perversa, mas essência):

à frente de meus olhos baços
mornam lentes que procuro.

FACES INTERDITAS

(miríades de autorretratos)

saio de mim em mim suposto
entre sons e formas
de mim composta
a face que se espalha em ritmos
(busca do segredo)
e do medo de deter o eu disposto
à distância do idêntico

sou o que sou na palavra antiga
que se esfacela na dança do improvável
sou quem sou em faces milenares
que ressurgem na forma
de estilos vários

no ponto cego permanece
o eu que rege
os contornos de meus erros
as gralhas de meus silêncios
de mim surge o outro e outros e mais outros,
fragmentos coloridos de um vitral barroco
tripartido
e no oco de meus desconfortos
nova forma emerge para definir
a mesma angústia
emergente em outra face.

AU FOND DE MON COEUR

lá as coisas se agitam
(sem nenhum melodrama que as falseie)
pelos veios e pelas vias de acesso
pelo átrio desse músculo central
a dialética se cumpre dos pulmões
e das cavas
espaço vazio que vive pleno
(metáfora viva da vida)
pelas trocas do puro e do impuro:
nada se resguarda.
pelo trabalho das coronárias
e delas para as artérias
pulsantes e ininterruptas

a não ser que sejam interrompidas
(de fora para dentro): como um caramujo
e o tempo é suspenso
do corpo e da mente
(de dentro para fora): como uma ouriça

sem metáfora.

mediante a condição do mundo atual, a poesia e seus meandros divagantes estão cada vez mais deixados num plano injusto de recepção das pessoas. O imediatismo dos meios de comunicação vertem suas praticidades e suas facilitações de consumo e de premência de degustação rápida e indigesta, indo ao caminho contrário da complexidade do poema e de sua enlevação enquanto alimento para a inteligência e para o espírito.

CONVERSÃO DE CARAVAGGIO

o vento rouco em céu aberto
relincha com os dentes expostos no poente
em forma de rodopio
(o pio da coruja perfura noctâmbulo):
o tempo se engasta
e as crinas se alevantam
(o redemoinho se constrói
no meio de poeiras e limalhas).
a fala do vento engasga:
solta chispas na passagem para o inferno
em que anjos afásicos
urinam sobre nuvens ocas.

volvendo o meu rosto naquela noite fria
meus olhos se depararam com outros olhos
pois eu era de vidro e não sabia

duplo, tentei tocar meu corpo, mas ele ardia
os vidrilhos trincavam a minha fantasia
e eu não pude me debruçar e não sorria

minhas mãos eram de vidro azul e eu queria
mesmo sem saber, buscar as tuas
vermelhas mãos que se sobressaíam

entre a vontade de ser ou de ficar vazias.

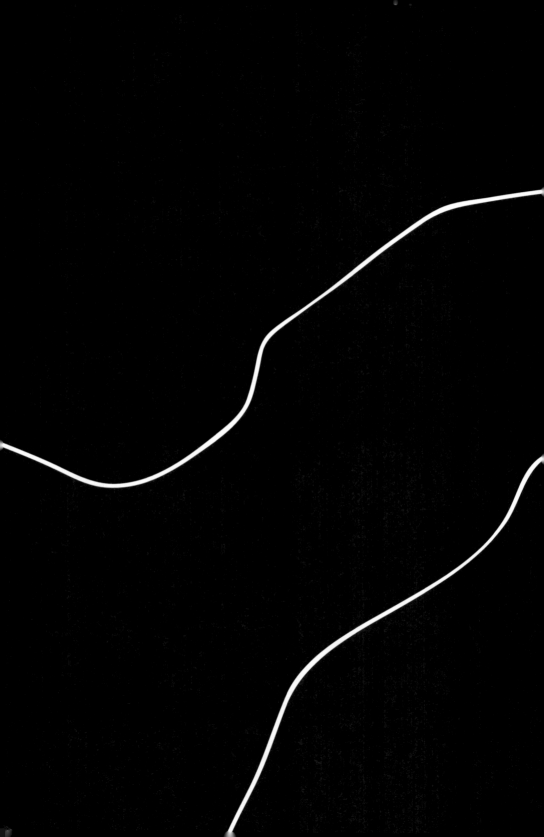

DUO

as vozes duplas
entoam o abstrato
do imponderável.
Compor para duas vozes
é vislumbrar um dueto
em que os arpejos surpreendem
a harmonia do pensamento

poético.

O grau de modulação
soterra, mais ou menos,
os grãos semeados
em terra nem sempre fértil
mas, se estéril,
o deserto se levanta
pela grandeza plena
da flauta agridoce
dos tons do espírito.
Duo: a guia do irreconciliável segredo
que faz e pensa
a poesia.

a circularidade temporal
restam palhas empalhadas e a loucura em tubos de ensaio
resguardada para o próximo ataque. acordei assim, em
desconsolo fragmentado.
meus olhos pousavam sobre a latrina (Marcel Duchamp
atento aos meus atos); querendo mergulhar, minhas fezes
giravam em sentido horário para não se entregarem
ao tempo do horror. o que quase vi me deixou assim:
decomposto.

SILÊNCIO ETERNO

*prenderei tua língua
numa caixa de amianto
e lá ficará para sempre.
sobre a caixa ficarão teus olhos
(abertos fixos opacos).
de tempo em tempo
deles descerá uma lágrima
que escorrerá sobre o amianto
e se transformará
na sede impossível de dizer
o que jamais foi dito em toda vida.*

À PARTE DA LUZ

a fina linha que circula a luz do imaginário delineia as formas circunscritas para a metamorfose das referências tangíveis e para a realidade poética. os microelementos da linguagem são friccionados como reações elétricas e se fundem como minérios sob a intensidade do fogo. o poema é essa resultante de força concêntrica de onde gotas ígneas de quando em quando flamejam.

NINHO

dois olhos brilham
entre gravetos
postos em eiras
gravetos secos
no espaço insano
de tempo enrolado
em cobras vivas
ferinas
cobras nocivas
lindas
sob gravetos
no centro do ninho
dois olhos findam.

JE SUIS DESOLÉ

(autorretrato sem algumas fibras de amianto)

paredes febris na fisionomia que se mostra
posta em tons decompostos pelo sol
gigante sol levante
tomba assim esse sol
morto e posto sob lençóis.

je suis desolé

fibras de amianto
se soltaram
e deixaram o de mim
assim assim:
turmalinas negras
ágata negra

ônix opaco
topázio
vazias paredes
no paço ampliado
de mim.

POEMA ÚMIDO

estou vazio do pensar sentido
diante do nada em transe
e do mytho ao medo
estou entre a ponte do mergulho rouco
e das migalhas que se lançam aos pombos
nesta noite eu só quero o não querer
das fagulhas de ferro
atravessadas na garganta
e umedecidas de absinto.

sem o sol
cantado em raios mil
sem a lua, linda lua, na sua fonte
de pudor, posando nua
sem os regalos do entardecer
com a cor das folhas de outono
a vida se resume
num saco de lixo
com seus caprichos:
embalagens de ilusões
visões de retalhos de fome
fétidas podridões
cascas putrefatas
fios partidos
copos quebrados
e o mau cheiro vedado
que acaba exalando
no elevador.

O PINCEL DE RENÉ MAGRITTE

(e isto não é um poema)
da devassidão ensolarada
neste silêncio
gotas de brasas respingam
formas
mas sem delineio de vazio.
entre mim e este poema
uma voz sussurra em meus ouvidos
e na única sombra
(devastada sombra)
o chapéu de Eliot se derrete em chamas.

ela se cansou dos estilemas
românticos, dos plenilúnios simbolistas
rebolos de quimeras sem sentido
de namorados perdidos
em noites de lua nova
todas as formas de ser lua
em retórica vazia.
deixaram-na anti-lua
nesta manhã
acordou sem maquiagem
assumiu seu próprio rosto
cuidou de suas madeixas
alisou suas crateras
olhou pra Terra e pro Sol
e começou sua viagem,
girando em seu próprio eixo.

AUTOFAGIA

neste estágio da mente
semente de todo sentir
vasculho minhas cascas,
minhas crinas, minhas patas
e meus redemoinhos
ninhos errantes de meu querer.
antropofagio-me pelo rabo
e depois cravo os dentes nas lacunas de mim.
me indigesto pelo faro
cuspo lanhas do cerebelo
e me embebedo de mim
nas curvas do oroboro.

AUTORRETRATO

(com intimidade translúcida)

desapareci
na luminosidade do silêncio
e me mantive na luz
dos pedaços de mim
quase em segredo
mas bem ali, ali e ali
a retina dá a forma
aqui, de meu corpo inteiro
e, sobretudo, de minha alma:
basta apenas procurar
e vasculhar
pelas escalas de luz
para vislumbrar mais que o
retrato
de mim.

never more

nas malhas finas do tempo
vasculho em minhas veias finas
ruínas do não-vivido
mas sentido com olhos turvos.
ouço ainda outros ruídos
no escuro de vozes idas:
mãos sujas coçam os olhos
(fardos amarelos da memória
constroem imagens)
e delas límpidas fuligens
soçobram com mãos erguidas:
"never more"
– perdida primavera
que os anos não trazem mais.

SOBRE UM TEMA ENSOLARADO:

quero aplicar um sol sobre minha cabeça
como Van Gogh o fez num de seus quadros.
que o aplique repique o latejante segredo
que derrama sobre meus olhos e nos demais sentidos.
quero aplicar um sol sobre meus tormentos
que me atormente bem mais do que não ver jamais.

POEMA HIMENÓPTERO

comi pedaços de sol no meio da noite
cortados em triângulos retos
lanhas de sol com mel e pimenta.
tentei dormir
mas tive refluxos intercalados de soluços.
cochilei um pouco
veio o pesadelo
nele, as formigas negras entravam pela minha língua
em busca de calor e de açúcar
e ficavam rodeando, rodeando,
em torno de meu cérebro áspero e crepuscular.

NATUREZA VIVA

delicadamente
duas gemas luzidias
posaram com três amoras
frias
aguardando a clara aurora
do outro dia.

CRISE
DO VERSO

neste Espaço ao longe
dobra a sina em forma insana
deste verso de fina dor
ao longe o engenho
do enjambement:

amor além do Tejo
para matar-me.

Ao perto o ferro se torce
e se contorce
nas mãos do ferrageiro
à força da bigorna em ferro-verso
e fere a matéria
na oficina do silêncio
em que estilhaços se arrebentam
e se comprimem
na maquinaria do Tempo.

a voz do poema encontra ressonância no silêncio icônico da pintura e o sincretismo de ambos se amalgamam na busca do inominável do ser.

GALOPE DE FORMAS

nesta tarde suspensa
as éguas relincham
mordendo pimentas vermelhas
com crinas soltas
(l'ennui sur les yeux)
as gaivotas dispersam
seus grunhidos
na matinée azul dos meus lamentos
ao longe pastores conduzem seus rebanhos
e a noite acalenta meus ossos.

não reconheci
as formas
da ilha
em que me criei.
tentei visitar os deuses
mas o oráculo
estava fechado.
sentei-me nesta pedra
e os espero
há milhares de anos.

AS CEREJAS

minha mãe entardeceu mais cedo
naquela manhã de primavera
e chovia.
mais que a chuva de Verlaine
mais que a chuva de Bandeira
ardia ao fogo a chuva de todo dia.
minha mãe se despediu na curva de uma esquina fria.
sorriu com a mão direita abanando lentamente
e com a esquerda segurando um cacho de cerejas frescas
roxas como a beleza de um dia findo.

INÓSPITA FORMA

cravo aqui
os desvios de tuas linhas
o debuxo de teus segredos
no arremedo
que adivinha
o desvelo de teu ninho
palhas secas
"inhos" de amor
tons de dor em desalinho
desta forma eu te alinhavo
e como FORMA eu te fabrico.

AQUELE BROCHE

minha mãe possuía certas idiossincrasias:
uma singular era não gostar de ganhar flores.
não gostava do cheiro,
achava-as sem graça
— simplesmente flores —
Irritava-a as amigas que amavam orquidário:
"parece coleção do nada"
dizia minha mãe.
"além de todos os cuidados necessários".

com as malhas da tarde eterna. meu rosto sente as ranhuras no vento da madrugada. o tempo morre com a brisa e o espaço vive na ponte entre o sonho e a emboscada. sonho ponte vento e nada.

RETÓRICO SENTIMENTO

claudicante amor que se bate em pedra fria
e tomba zonzo
do oxítono camoniano
de novo engenho
ao oxímoro barroco de um ardor tardio
onde morde laivos retóricos de um vazio
e se esfacela flébil frágil no estilo
das odes arcádicas pintadas ao final do dia

estende-se no leito das verdes folhas de Gonçalves Dias
ressecadas com o passar dos dias,
buscando na espera ouvir os passos do amor
que adia
amor intenso amor
côncavo e convexo
convexo e côncavo
amor
buscado
no mais antigo verso do outrora:
(homero safo catulo)
ao verso revertido
do agora
claudicante agora.

jantei naquela noite com a alma leve naquele recanto incrível da cidade do Porto. de sobremesa me serviram lindas cerejas da cor de cereja num pratinho também lindo de louça antiga. "está bem servido, senhor?". ao erguer os olhos, duas cerejas me olhavam e eu perdi a razão de ser. Como uma transfixação arterial, fixei minha energia e trouxe para o lindo prato as cerejas que faltavam.

BURN OUT

do primeiro verso
ao último
meus olhos foram percorrendo
faíscas em cada pedaço
(em cada naco),
deixei cada fonema em chamas
ateando nas partes baixas
minha fome e meu deleite
sem enfeites
(e sem piedade)
na sintaxe e na antítese
the fire burns
and
burning in my eyes
desapareço.

restam nestes meus ouvidos moucos
aqueles resquícios de vozes
filamentos perdidos que serpenteiam
pedaços de versos, velhos versos
engastados nos penhascos de meus sonhos,
tropeços impiedosos de sons, em formas
de vida, despedaçada e tornada granizo
para voltar em noite de tempestade

e bater na vidraça de meus versos
como um corvo a morrer com voz de gralha
quis aqui devorar minha desgralha
sem nascer, mas ouvi como o poeta
vá: pois já pode tecer a sua malha.

ÁGORA

a dor que dilacera meus sentidos
entorpece minhas artérias
e sai rastejando campo afora
pelos becos de meu corpo
pelos poros
por regiões mais lúgubres da alma
e fica escondida descansando
em moitas de finas formas
(de gravetos)
enganando-me
como cobra venenosa sem ruído
em assembleia de serpentes
aguardando o momento
para o bote.

PINTURA

azul
com pincéis velhos de Espanha
pinto à noite os meus segredos
com tintas frescas de Holanda.
e com espátula antiga
modulo a dor, pontilho o sonho
e nos beirais de meu silêncio
vasculho o amor em desatino.
ocre.

nas frias águas de um lago frio
eu começo a morrer
e vou morrendo tanto
como se o tanto fosse pressentimento
e pego a morte em que morro
e a dobro ao dobro como um travesseiro
e sobre ela vou morrendo
e me mortifico por inteiro
nas águas frias de um frio lago
eu me congelo de tanta morte
e continuo morrendo.

VERTIGEM RÍTMICA

o sorriso do olho
      (estrábico)
e a secura da boca
desvertebram o ritmo
desmesuram ossinhos desconexos
díspares e fecundos
(como aspargos)
aspectos de pétalas
debuxos e arabescos
concêntricos mistérios
nos umbigos de outras sortes
e nos corações de alcachofra
rabiscos de cascas
na aorta de carvalho e na resina
de langorosa fonte
na invertebrada sina.

a forma do horizonte se estraçalha no fim da linha

MENOS QUE A BRISA

menos que a pena
de um beija-flor
menos que a pedra
de água-marinha
num anel de ouro branco
menos ainda
pesa a vida
em linhas findas.

em paris
na estação do metro Les Invalides
percebi que o cadarço de meu sapato
estava desamarrado
      tentei me abaixar para amarrá-lo
e senti que, sem clemência, cairia.
a moça da poltrona à minha frente
cerrou a tez e virou os olhos,
apenas mantendo — de soslaio —
os olhos curiosos à minha desgraça.
meus pés ficaram frouxos e enormes
e tive vontade de chorar.

FLOR DE VIDRO

na esperança, o espanto de uma cor purpúrea
em tropeços de gravetos, intactos se anunciam
nas parcas ramas, veredas de um só dia,
vitima as soberbas pétalas de uma flor vazia.

vitima parcas ramas na purpúrea linha
flor indefinida entre talos vítreos
concêntrica miragem despetalada e fria
entre gravetos, destoa nesta forma em agonia.

mas aqui, em terça linha de um soneto
esguio. flor serás flor em tons purpúreos
em crespos jardins de um tempo enjaulado

e perverso. reverso o mundo oh flor!
freme no tempo com tuas pétalas de outros tempos
e no caixilho de vidro, morre, como eterna flor.

AUTORRETRATO EXPRESSIONISTA

ontem encontrei índices de seu rosto
tosco
fosco
carcomido
na página envelhecida de um jornal.
o papel estava ranhurado
faltavam partes de sua cabeça:
havia apenas trechos da face
metade de sua boca
e fios de cabelos revoltos.
mas os olhos ah!
os olhos restaram inteiros
e me olhavam com toda a força
como da primeira vez!

NATUREZA MORTA COM VINAGRE BALSÂMICO

estiletes retesados em agonia
frio soçobrar da carne em sangue
la chair est triste, helàs
por todos os livros lidos:

num pote, vinagre balsâmico vencido
noutro, sangue talhado na carne fria.
entre o miolo do pão

o mel se expande:
moscas circundam a cena infecta
modulando o poético na natureza-morta.

o que me impulsiona ao ato de escrever é buscar no imaginário o universo dos sentidos trançados nas veredas do inconsciente; é a vontade frenética de arranhar os céus e vasculhar em mim os liames do inferno que se elevam aos tetos do imponderável; vislumbrar o feérico e transformá-lo em pedra sobre a qual depositarei para sempre minha cabeça.

mastigo sons
(como chicletes)
permeados com amêndoas
e engulo esta pasta
que chamam de eternidade.

conhecer o signo poético é demovê-lo de sua condição de símbolo comunicativo constituído de palha e de filamentos de sentido que não conduzem a nada a não ser à estigmatização de parte das coisas e rudimentos das ações identificadoras da mais pura ilusão dos contornos.

DE PROFUNDIS

como despregar a pele
intacta
desta carne e deste corpo
ausente?
como me evadir da imagem rouca
desta fome de captar
a vala ausente dos signos
      de profundis
lamenta-se o inaudível pensamento?
como mastigar nacas de tempo
e verter o escopo do impalpável segredo
com medo de arranhar o próprio medo,
na hora púrpura,
com a carne exposta?

CAIXILHOS DO TEMPO

no tempo dos mesmos tempos
em que habitamos o silêncio,
as palhas ressecadas da aurora
voam ao vento
e se prendem em ramos
      secos
ao longe a voz ressoa dizendo:
"o café está pronto!
e o bolo está bem quente"

nesses tempos de cheiro quente
de palhas secas nos ramos
em que rastelos rumorejam
com sabor de morangos
      frescos

nesses tempos de um só tempo
uma a uma as gotas gotejam
no vão da memória
em dó maior.

QUASE VISÃO

componho a luz
— azeite de ouro-quartzo
no entreluzir de um sonho

espectros do mundo
emaranham-se nos garranchos
de signos
e se encrespam

(quase em pesadelo)

no esboço de uma visão
— quase visão —
e na luz que dói
a mão freme,
apaga-se para gerar
visão.

*sombras do gesto
em cada passo que dou
em cada gesto de linguagem
que fabrico
respingam gotas grossas de sombras
como se
o ser que em mim persiste
resgatasse meu simulacro
e na imagem
voltasse aos meus pés
o que hei sido — a propósito
este que aqui se inventa
tenta ao longe chegar em si
e se olhar — não no espelho
mas no ponto perdido do daemon
ali escondido.*

LA CECITE
DU COEUR

verto nesta forma enjaulada
as quinas de ferro,
os beirais de barro.
escarro perdido na madrugada
finos ganchos de pontas finas
estes signos que se enrolam
como hieróglifos de outros tempos
mágicos místicos
(l'étoile a pleuré rose au coeur de tes oreilles...)

PENÚLTIMO DEGRAU

sentei-me no nono degrau
daquela pedra carcomida
e retirei da minha mochila
um velho espelho
(que restou
de meus pertences)
busquei nele minha fisionomia
mas encontrei apenas
olhos desenhados
com riscos de ferrugem.

MEU CORAÇÃO DELATOR

A cada hora
à luz do real eu me dissolvo
(e pelas lentes de escurecer
eu me revelo)
selo no lilás
a língua de meu coração
que desvela
uma proclamação:
uma forma de morrer
na brancura
sobre o granito

(com ícones parisienses)

eu (des)morro
ouvindo Piaf.

VERMEER

Ver
as marcas da luz
mirar
na fricção da cor
é determinar o enigma holandês
da vida.
a moldura emoldura
o espaço oracular
do som
no interior do silêncio
em Vermeer.
pintar o silêncio
em azul e amarelo
é erigir o interior
da luz.

COMPOSIÇÃO DA DOR

na forma perpendicular de meu silêncio
Mondrian se anuncia
na geometria
e na transversão
dos sonhos.
assim eu pairo
mirando pela janela
e nela Da Vinci reclama
a perfeição ao longe anunciada.
em cada traço das formas indivisíveis
uma espécie de linha do amor
se anuncia
e cicia convencida
do dia sem fim
interminável dia
que comporta muitos dias
no quadrilátero luminoso
das esquadrias
perpendiculares
de onde o ser se prenuncia:
a beleza dói
a beleza dói
(no suplício do olhar)

a beleza dói.

entre mim e mim
há uma linguagem esfacelada
e muito antiga
que me divide mais ainda
na instância do mim.
eu não sei como atravessar
essa ponte
sem tomar o licor
consigo me renunciar
dessas falanges
que tangem
no meu coração
coração que não se renuncia
não renuncia nunca
nesse intervalo entre o mim e mim
ele pulsa latente
às vezes intermitente
com vontade de sonhar
mas nessa vontade
intercepta
essa afasia
nessa antiga lida
com uma linguagem antiga
perdida
mas que vasculha cada ponta
cada pedaço
do meu ser
entre mim e mim

FLOR FANTASMA

Eclode do miolo desta flor negra
o brilho duro e obscuro
de pétalas
— enjauladas —
que vertem os filetes
da corola inebriante
como se a flor,
noturna,
se abrisse entre ruínas
de febres ancestrais.
Restam nestes tentáculos
o amianto que reverbera
o imortal segredo
de uma flor de lis
que o tempo
enegreceu.

FICO OLHANDO, ASSIM,

para o teu corpo,
que conheço tanto,
em gestos de viver,
para tuas mãos, muitas vezes postas,
com modos tão serenos, ou nem tanto,
tua boca ao falar ou se silenciar
em frêmito do silêncio ardido
e condoído, por remoer sorrindo,
fico olhando assim,
o teu ressentimento,
tão arcaico,
como é arcaica
a tua frase mansa,
mas que traz no tom algum ruído,
em outra língua,
no brilho oculto de teu olhar.

LETARGIA

Entre águas mornas
(e mortas)
alucina meu coração,
tardio,
pelo fio de uma frente
delgada
que desliza minh'alma
em sofreguidão
vazia.
sopra o vento
pulsa a forma
nessa imagem
em agonia.

CRESPO JARDIM DE VOZES DISSONANTES

nesse crespo jardim, o engenho de Camões
buscou novas artes novo empenho
e o ferrageiro de Cabral esmerilhou a forma
e a vértebra da palavra.
e neste jardim de heras e de espinhos
os estigmas dos signos reluzem à luz do dia
nas veredas da noite e à sombra da poesia:
fagulhas de som e de sentido se anunciam
nas várias direções da seta errante,
e fina, lançada neste espaço movediço
em que sem que os convide
eles entram
todos aqui,
com a fera de Blake
(Tyger! Tyger! burning bright)
que depois o corvo de Poe
(never more)
com o tom da primavera
e que Eliot elegeu como a mais cruel
(april is the crullest month)
soaria na vidraça.
te convido Whitman para este jardim
com voz rouca e com tua rebeldia
que as odes de Pessoa acalentaram
e, assim,
fecho agora o portão no fim do dia.

DE VOLTA AO JARDIM DO MEDO

De nada vale
eclodir nestes versos

— antigos e amargos —

ó, rosa de pétalas negras
de corola amarela!
Nestes sons
mal ritmados
os ganchos dos sonhos
enferrujaram,
e as tuas pétalas
se tornaram — vermelhas!
Entregue-se ao soturno
sortilégio
nestas formas
cegas
do eterno agora
em que o grito de Munch
seja ouvido.